AF745858

मनोभाव सुधा-सिंधु

मैं जग का जग मेरा, प्रतिदिन नया सवेरा

नरेन्द्र कुमार अग्रवाल

BookLeaf Publishing
India | USA | UK

Copyright © नरेन्द्र कुमार अग्रवाल
All Rights Reserved.

This book has been self-published with all reasonable efforts taken to make the material error-free by the author. No part of this book shall be used, reproduced in any manner whatsoever without written permission from the author, except in the case of brief quotations embodied in critical articles and reviews.

The Author of this book is solely responsible and liable for its content including but not limited to the views, representations, descriptions, statements, information, opinions, and references ["Content"]. The Content of this book shall not constitute or be construed or deemed to reflect the opinion or expression of the Publisher or Editor. Neither the Publisher nor Editor endorse or approve the Content of this book or guarantee the reliability, accuracy, or completeness of the Content published herein and do not make any representations or warranties of any kind, express or implied, including but not limited to the implied warranties of merchantability, fitness for a particular purpose.

The Publisher and Editor shall not be liable whatsoever...

Made with ❤ on the BookLeaf Publishing Platform
www.bookleafpub.in
www.bookleafpub.com

Dedication

I respectfully dedicate this poetry collection to my revered father, the late **Shri Sumat Prasad** Ji, who made me realize the transience of the material world and the immortality of spiritual existence. His inspiration is the guiding force of my life, and this collection is a humble effort to offer him a floral tribute of reverence.

समर्पण

यह काव्य संकलन मैं अपने पूज्य पिता श्री ***स्वर्गीय सुमत प्रसाद*** *जी को सादर समर्पित करता हूँ, जिन्होंने मुझे भौतिक जीवन की नश्वरता और आध्यात्मिक सत्ता की अमरता का साक्षात बोध कराया। उनकी प्रेरणा मेरे जीवन की दिशा है, और यह संकलन उनको श्रद्धा-सुमन अर्पण करने का एक विनम्र प्रयास है।*

Preface

Poetry is often called the language of the soul. It gives voice to emotions that go beyond ordinary words, captures those moments that are too fragile to express, and reveals thoughts that are more complex than common language allows. It is a collection of unspoken feelings of love, longing, hope, and the quiet beauty hidden in everyday life. Each poem in this collection is rooted in a different part of me, some born from joy, some from struggle, and many from new, subtle experiences around me. Writing these poems has been both a refuge and a release for me, a way to understand myself and to connect with the world around me. I invite you to read these verses slowly, to feel their rhythm and meaning, and perhaps, to find a reflection of your own life within them. Thank you for walking with me on this journey.

~Narendra Kumar Agarwal

प्रस्तावना

कविता को अक्सर आत्मा की भाषा कहा जाता है। यह उन भावनाओं को संक्षिप्त करती है जो साधारण शब्दों से परे हैं, उन क्षणों को पकड़ती है जो गद्य के लिए बहुत क्षणभंगुर हैं, और उन विचारों को व्यक्त करती है जो सामान्य व्याख्या से कहीं अधिक जटिल हैं। यह संग्रह उन्हीं अनकहे भावों की यात्रा है - प्रेम, वियोग, आशा और दैनिक जीवन में छिपी शांत सुंदरता की खोज। यहाँ प्रस्तुत हर एक कविता मेरे भीतर किसी अलग स्थान से जन्मी है - कुछ आनंद से, कुछ संघर्ष से, और कई आस-पास की दुनिया की सूक्ष्म अनुभूतियों से। इन कविताओं को लिखना मेरे लिए एक शरणस्थली भी रहा और एक आत्मप्रकाश भी, खुद को समझने और दूसरों से जुड़ने का एक माध्यम। मैं आपको आमंत्रित करता हूँ कि इन पंक्तियों को धीरे-धीरे पढ़ें, उनके लय और अर्थ को महसूस करें, और शायद इनमें अपने जीवन की कोई छवि भी खोज सकें। इस यात्रा में मेरे साथ चलने के लिए धन्यवाद।

~नरेन्द्र कुमार अग्रवाल

Acknowledgements

This compilation would not have been possible without the invaluable support of many, to whom I express my heartfelt gratitude. I am deeply thankful to **Shri Gyanesh Dutt "Harit"** Ji, former Head of the B.Ed. Department, Vardhman College, Bijnor, whose guidance became a source of inspiration for me. Without his suggestions and encouragement, this collection would have remained incomplete. To my life partner, **Uma Ji**, my son **Abhinav**, my daughter in law **Priyanshi**, and my daughter **Aparna,** who stood by me at every step, encouraged my creativity, and inspired me to bring this collection to publication, words cannot fully express my gratitude. To all my respected elders, I offer my humble salutations and reverence. It is only through your blessings and grace that this literary endeavor could become a reality.

आभार

इस काव्य संग्रह के प्रकाशन में जिनकी भूमिका अमूल्य रही, उन सभी को मैं हृदय से धन्यवाद ज्ञापित करता हूँ। **श्री ज्ञानेश दत्त "हरित"** जी, पूर्व अध्यक्ष, B.Ed विभाग, वर्धमान कॉलेज, बिजनौर, जिनका मार्गदर्शन मेरे लिए प्रेरणादायक बना —आपके सुझावों और प्रोत्साहन के बिना यह संकलन अधूरा रहता। मेरी जीवनसंगिनी **उमा जी,** पुत्र **अभिनव**, पुत्रवधू **प्रियांशी**, पुत्री **अपर्णा**, जिन्होंने हर कदम पर मेरा साथ दिया, मुझे सृजन हेतु प्रेरित किया और इस काव्य संकलन के प्रकाशन हेतु उत्साहित किया, आप सभी का आभार शब्दों से परे है।

सभी **आदरणीय गुरुजनों** को सादर नमन एवं चरण वंदन, जिनकी कृपा और आशीर्वाद से यह साहित्यिक यात्रा संभव हो सकी।

दे दो आशीर्वाद

गरल पीकर आप नीलकंठ हो गए।
गरल पीकर हम भी मुक्त कंठ हो गये।
ताप सह-सह कर सोना कुंदन हो गया।
विषधरों के बीच शीतल चंदन हो गया।
पाकर आशीर्वाद "तुलसी" धन्य हो गया।
राम चरित जग में अनुमन्य हो गया।
शीतल स्वर में कह सकूं मैं, जग को अपनी बात।
भोले शंकर दे दो मुझको, अपना आशीर्वाद।

मैं हूँ कौन?

मैं बुनकर
मैं सपनो का जाल बुना करता हूँ।
मैं रंगरेज
जीवन में कल्पना के रंग भरा करता हूँ।
मैं एक दर्जी
सपनो के जाल पर शब्दों के कसीदे काढ़,
सुंदर सा परिधान सिला करता हूँ।
मैं एक गोताखोर
हृदय की गहराइयों से
भाव-रत्न चुना करता हूँ।
मैं कुछ भी नहीं
सब कुछ तुम
मैं तो बस तुम्हारे ही सत्य को
इधर से उधर, उधर से इधर
किए फिरता हूँ।

मोक्ष का द्वार

सांसों के दो तार,
इनमें छिपा है सारा सार।
दोनों नहीं चलते साथ,
यही है द्विविधा बड़ी अपार।
एक शीतल, एक उष्ण,
एक दिन एक रात।
यही ऊहापोह, यही है उथल-पुथल विचार।
चला ले दोनों एक साथ,
जोड़ ले अनहद से नाता,
खुलेगा मोक्ष का ताला,
मिलेगा परमानंद अपार।

पोषण

स्नेह सुधा से अभिसिंचित,
नियम से आबद्ध हो जो।
अनुशासन की सीमाओं में,
प्रदान करे उन्मुक्त शिक्षा।
संस्कृति का ज्ञान दे जो,
उद्घाटित करे पूर्व ज्ञान को।
तर्क दे कुतर्क न दे,
महत्व दे जो मान को,
पोषण वही है, पोषण दे जो,
तन को, मन को, प्राण को।

अर्थ (मेरा पौत्र)

मेरे प्यारे अर्थ,
मेरे जीवन को आधार दिया है तुमने।
मेरे जीवन में फिर खोया प्यार दिया है तुमने।
पितृ ऋण से मुक्ति देकर, हम पर उपकार किया है तुमने।
वंश बेल को जीवित रखकर, किया बड़ा एक काम।
इस वंश को गरिमा देना, जग में करना नाम।
सुमत-सुशीला का पाओगे, हर पल आशीर्वाद।
सबको लेकर चलना साथ, न हो वाद विवाद।
ताऊ बाबा-ताई दादी, चाचा बाबा-चाची दादी सबकी अभिलाषा हो।
करना ऐसे कर्म, किसी को कभी न कोई निराशा हो।

हम सठियाए बुड्ढों को बोलना पड़ेगा

हम सठियाए बुड्ढों को बोलना पड़ेगा,
मक्कारों का चिट्ठा खोलना पड़ेगा।
हमारा बोलना जरूरी है,
हमें बोलना पड़ेगा।

हम सेतु हैं दो पीढ़ियों के बीच के,
हम साक्षी हैं सत्य के असत्य के।
हमने वो दौर भी देखा है,
हमने यह दौर भी देखा है।

हमने टूटी सड़कें, कीचड़ ही कीचड़,
और आधे-आधे धंसते वाहनों को देखा है।
हाईस्कूल का ग्रामीण स्कूलों का,
तीन प्रतिशत परिणाम देखा है।

तब न कोई हल्ला था,
न ही नारों में बेरोजगारी थी।
खड़कती सायकिल थी,
न स्कूटर था न गाड़ी थी।

गुरु जी को स्कूल में,
रजाई ओढ़े सोता देखा है।
हमने हाईस्कूल पास होने पर,
उत्सव मनते हुए देखा है।

तब न नौकरी की आस थी,
न ही अधिक धन की प्यास थी।
तब गांव से एक आध ही नौकरी करता था,
पर बेरोजगारी का शोर नहीं करता था।

अब भर-भर बसें नौकरी पर जा रही हैं,
बेरोजगारी की चीखें सुनी जा रही हैं।
तब कोई बेरोजगार नहीं था,
बस पास न होने से त्रस्त था।
युवा बड़ी गहरी हीन भावना से ग्रस्त था,
न नौकरी मांगता था, न बेरोजगार था।

अब स्वनामधन्य यूनिवर्सिटियों का संजाल है,
चारों और भेड़िए है, ऊपर शेर की खाल है।
सब दबाकर पास हो रहे, डिग्रियों का धमाल है,
सड़कों पर छा रही बहार है, महंगी से महंगी कार है।

मजदूर और मिस्त्री, हर पुरुष-हर स्त्री,
वाहन पर सवार है।
महंगे जूते, महंगे कपड़े,
रोज-रोज दावतों की महफिल गुलजार है।

पर बकौल मीडिया,
हर शख्स बेरोजगार है।
झूठ का चिट्ठा खोलना पड़ेगा,
हम सठियाए बुड्ढों को बोलना पड़ेगा।

नारी

युग निर्माण में नारी की,
भूमिका अपरिहार्य।
नारी स्वयं में एक संस्था,
है प्रथम आचार्य।
फिर क्यों कहलाती है अबला,
बना हुआ विभ्रम।
गार्गी, विद्योतमा, निवेदिता बनो,
छोड़ व्यर्थ की शर्म।
छोड़ व्यर्थ की शर्म ,
वही युग वापस लाओ।
नारी विज्ञापन की वस्तु नही,
पूज्या है, निर्मात्री है,
जग को बतलाओ।

मैं हूँ नवयुग का अवतार

मैं हूँ नवयुग का अवतार।
सभ्यता, संस्कृति, नैतिकता, मर्यादा से मेरा क्या सरोकार।
मैं अहं में चूर, मानवता मजबूर, सभी रिश्ते तार -तार।
मैं हूँ नवयुग का अवतार।

सभी वर्जना चूर, दुनिया में दुनिया से दूर।
भरता हूँ हुंकार, छोड़कर सारे सोच विचार।
मैं हूँ नवयुग का अवतार।

भागम - भाग, भागम - भाग, जिंदगी चली तेज रफ्तार।
आपा- धापी, मार- काट, गिन्नी मेरा पहला प्यार।
मैं हूँ नवयुग का अवतार।

लंबा कुर्ता, व्हाइट कार, मेरी बनी हुई सरकार।
महंगाई की मार, जनता करती हाहाकार।
मैं हूँ नवयुग का अवतार।

सद्यः स्नाता, सद्यः किशोरी

सद्यः स्नाता, सद्यः किशोरी,
उल्लसित, विलसित, सुधा-कटोरी।
अपने नयनों में एक अनोखी,
प्रणय गंध लिए वह गौरी।

अपनी धुली- खुली केश राशि से,
जल - कणिकाएं बिखराती सी।
कुछ इतराती इठलाती सी,
मौन निमंत्रण सा देती है।
मेरी आँखें इस आकृति को,
पलकों में बंद कर लेती हैं।

उच्छवास - निश्वास अनियंत्रित,
रक्त कपोल, स्निग्ध कुछ दर्पित,
उस पर भाव सलोने मन में,
जिज्ञासाएं भर देती है।

मेरी आँखें इस आकृति को,
पलकों में बंद कर लेती है।

मन में बसी छवि यह बरबस,
जीवन में रस भर देती है।

चुनाव-तिथि आ रही है

झंडे, डंडे, बैनरों की छटा ही निराली है।
कहीं ईद मुबारक है, कहीं हैप्पी दीवाली है।
भंडारे चल रहे हैं, नेता मचल रहे हैं।
हर गिलास भरा है, नहीं कोई खाली है।

कातिल हाथ जुड़े हैं, सूरत भोली - भाली है।
मचान सज गए हैं, हाथ में दुनाली है।
सभी महिला बहिन बनी, कोई नहीं साली है।
आश्वासन हैं, वादे हैं, पिट रही ताली है।

लुटने वाले नृत्य करें, गाली देवें, गाली खावें,
लोकतंत्र, महापर्व, बात ही निराली है!
वाह! फिर से वही इबारत लिखी जा रही है।
चुनाव तिथि आ रही है मित्रों,
चुनाव तिथि आ रही है।

मेरे देव की वह प्रतिमा तो खंडित निकली

कभी समझ कर देव जिसे मैने पूजा था,
मेरे देव की वह प्रतिमा तो खंडित निकली।
सरल सादगी नैतिकता की जिसको मैने मूरत समझा,
छद्म, वासना, मोह-माया से मंडित निकली।
मेरे देव की वह प्रतिमा तो खंडित निकली।

सभी स्वप्न हो गए चूर्ण मृत्तिका में मिल गए,
अश्रुधार से सिंचित हो, पंखुड़ियां निकलीं।
हरी-हरी पंखुड़ियों पर थे पीले धब्बे,
कहते थे अरे मूक कथा वो सारी पिछली।
मेरे देव की वह प्रतिमा तो खंडित निकली।

सोचा था इस कोहरे के पीछे दिन होगा,
पर कोहरा तो गहरा था कुछ इतना गहरा।
पूरे दिन को गया लील और उसके पीछे,
हाय भयावह काली-काली रजनी निकली।
मेरे देव की वह प्रतिमा तो खंडित निकली।

हाय विधाता यह तूने क्या कर डाला,

तेजस्वी सूरज पर छायी काली बदली।
नहीं-नहीं बदली क्या है सूरज निकलेगा,
क्यों मन में तू पाल रहा चिंताएं पगली।
मेरे देव की वह प्रतिमा तो खंडित निकली।

पहला प्यार ही तो प्यार होता है

पहला प्यार बड़ा नादान होता है।
दुनिया के दस्तूरों से अंजान होता है।
पहला प्यार एक कोमल सा स्पर्श होता है।
निस्वार्थ, निर्मल और आदर्श होता है।

पहला प्यार एक नाजुक पुष्प होता है।
सोंधी-सोंधी महक से युक्त होता है।
क्रूर हवा के झोंको को सह नहीं पाता।
अक्सर टूट जाता है, बिखर जाता है।

पहला प्यार ही तो प्यार होता है।
शेष सब तो सच कहूं व्यापार होता है।

वृक्ष की पुकार

प्राण के आधार पर,
आघात करने आए हो।
क्यों करों में तीव्रतर,
आरे उठाए आए हो।

हम तुम्हारे पूर्वज हैं,
प्राण के आधार हैं।
प्राण लोगे तुम हमारे,
या स्वयं पर वार है।

शाख पर बैठे हो जिस पर,
तुम उसी को काटते।
क्या जरा सा भान भी है,
चल पड़े किस रास्ते।

काट लो हमको अभी,
पर पाप होगा।
स्वयं तुम्हारे लिए ही,
अभिशाप होगा।

कुल घातक के सरीखा,
आपका यह कृत्य होगा।
और धरा के शीश पर,
फिर मौत का सा नृत्य होगा।

सनातन ही स्वतंत्र है

जाति बंधन, धर्म बंधन,
छटपटाता है युवा मन।
तोड़ दूं कारा अभी मैं,
बदल डालूं रीत जग की।
राह रोके जो गति की,
उन्नति की, सन्मति की।

कौन से पथ पर चले तुम?
क्या तुम्हे कुछ भान भी है।
रीत हैं अनुभव हमारा,
रीत में सम्मान भी है।
ताक लो झांको इधर भी,
एक सुरीली तान भी है।

रोक-टोक, नोक-झोंक,
यह बंधन, वह बंधन,
छटपटाता है युवा मन।

स्वतन्त्रता तुमको मिलेगी,
पर बंधी हो नियम से जो।

वाद हो विवाद हो पर,
तर्क से आबद्ध हो जो।
सत्य का संधान भी हो।
नूतन विचार फले-फूले,
पुरातन का सम्मान भी हो।

हाय बंधन, क्यों ये बंधन,
छटपटाता है युवा मन।
तोड़ दूं कारा अभी मैं,
बदल डालूं रीत जग की।
राह रोके जो गति की,
उन्नति की, सन्मति की।

दौड़ लो मन की गति से,
चाहे छू लो तुम गगन।
पर न उखड़ें पांव भू से,
आज दे दो यह वचन।

धर्म, धर्म है, नही है बन्धन,
मजहब, जाति हैं बन्धन।
रोक रहे हैं गति जगत की,
मानवता की, उन्नति की।

मजहब, जाति, लिंग-भेद,
वर्ण-भेद, मुक्त मन।
संभव है ये, संभव है ये,
अपनाओ तुम, सत्य सनातन।

स्नेह

मंद, मधुर, मुस्कान सलोनी,
अन्तःकरण को छू जाती है।
भाव-भंगिमा, नव-नव नटखट,
नव विचार दे जाती हैं।

कल-कल, छल-छल बहता सा,
गंगा की उत्ताल लहर सा।
माँ के उर में सुखद-सुखद सा,
जाने क्या वह बह जाता है।

भाव-भंगिमा की धारा संग,
माँ भी बहती जाती है।
तेरे सुख से आह्लादित माँ,
तेरे दुख में रो जाती है।

स्नेह की महिमा अनिर्वचनीय है,
स्नेह ईश्वर है अवर्णनीय है।

जीवन-सत्य

मैं क्या हूँ, क्या मेरा?
दुनिया चार दिनों का डेरा।
क्या खोया, क्या पाया?
क्या उसका, क्या तेरा।

सोचा मैने, सोचो तुम भी,
कल्पित दुनिया, स्वप्निल फेरा।
दुनिया का आधार यही है,
मैं जग का तो, यह जग मेरा।

जग में कहीं डूब न जाना,
ऊपर-ऊपर तैर, लगेगा पार,
पाएगा प्रतिदिन नया सवेरा।

विकास?

मैं सड़क किनारे खोखा डाल,
मक्की फुल्ले बेचूं था।
मैं कारों के पीछे भाग,
खीरा ककड़ी बेचूं था।

शहर के पैसे में से मैं भी,
थोड़ा हिस्सा बांटू था।
शाह को बात जरा नहीं भायी,
उसने फिर हुंकार लगायी।

देश को विकास पथ पर बढ़ाऊंगा,
सड़कों को खोखा मुक्त बनाऊंगा।
खोखे उठ गये, पूरे सज गए,
पहुंचे चम-चम मॉल, कहलाए स्टाल।

उबली मक्का पचास पर,
मक्की फुल्ला सौ पर गुर्राया।
मध्यवर्गीय अहंकारी,
देखो कैसा इतराया।

लुटा, लूट की सेल्फी लेकर,
मंद-मंद मुस्काया।
खोखा मालिक मॉल के स्टॉल का,
नौकर हो गया।
तन पर सुंदर सी वर्दी,
गले में लटकी टाई।
देख लो देश का,
विकास हो गया भाई।

संदेह-कलुष न फैलाना

सबको खुशियां बांट-बांट कर,
कष्टों को सह जाता है जो।
अंधियारों में जलता रहता,
भोर किरण दे जाता है जो।

अग्नि सा जलता रहता है,
सूरज सा तप जाता है जो।
अस्थि अपनी गला-गला कर,
राष्ट्र नींव में चिन जाता जो।
श्वेत चुनर सा जीवन जीकर,
रक्त गोद में सो जाता जो।

उसका कर्ज चुका सकते हो?
अपना फर्ज निभा सकते हो?
जीती उसने बाजी लड़-लड़,
कैसे वह लौटा सकते हो?

प्राण हथेली पर लेकर,
सीमा पर गर न जाओगे।
रक्त बूंद की कीमत का,

कैसे अंकन कर पाओगे।

कुछ भी शर्म बची है तो बस,
केवल चुप ही रह जाना।
सेना के शौर्य-पराक्रम पर,
संदेह-कलुष न फैलाना।
संदेह-कलुष न फैलाना।।

मेरी नातिन आद्या

सप्त अश्व आरूढ़ हो गई,
मेरी आद्या, मेरा प्राण।
प्राची की चंचल किरणों पर,
आया स्वर्ण विहान।

सप्त वर्ण की सप्त रश्मियां,
देती हैं निज तेज।
सप्त वर्ण के सप्त गुलाब,
देते कोमल सेज।

झंकृत करती मेरे मन को,
आद्या की मृदुल मुस्कान।
नर्तन कर उठता मन मेरा,
बजती सप्त सुरों की तान।

मेरी आद्या, मेरा प्राण।

पत्थर को पानी कर जाते

जब पक्षी बन उड़ना चाहें,
नभ में ऊंची पतंग उड़ाते।
जब मस्ती करने का मन हो।
गुब्बारे रंगीन फुलाते।

उड़ने वाला फूल समझकर,
तितली के पीछे लग जाते।
चंदा पाने की जिद ठाने,
मां को कितने नाच नचाते।

रेत-घरौंदे बना-बनाकर,
नए-नए संसार रचाते।
कभी-कभी जब झुंझलाती माँ,
बाबा के पीछे छिप जाते।
भोले-भाले वदन सलोने,
पत्थर को पानी कर जाते।

दर्दों का फंदा

तेरी ज़िन्दगी, तेरी निगाहों में, तेरी अपनी है।
लेकिन कोई और भी चाहता है,
इसमें अपना हिस्सा।

अब यह तेरे या मेरे बस की बात नहीं।
निजी कुछ न रहा,
बन गया जग का किस्सा।

हमें हक है कि खुद को संभालें या मिटा लें।
कही ऐसा न हो जाए,
कि दर्दों का बनाकर फंदा,
हुक में फंसाकर अपनी सोचों के,
किसी काले वक्त में,
कोई गले से न लगा ले।
गले से न लगा ले।

यह कैसी आजादी

गए विदेशी देश छोड़कर,
गए विधर्मी देश तोड़कर।
रुकी न धर्म की बर्बादी,
यह कैसी आजादी मित्रों,
यह कैसी आजादी।

खुला पिंजड़ा पर पक्षी को,
विष मय खीर खिला दी।
यह कैसी आज़ादी मित्रों,
यह कैसी आज़ादी।

भरी तिज़ोरी, चाबी छीनी,
फिर ठग को पकड़ा दी।
यह कैसी आज़ादी मित्रों,
यह कैसी आज़ादी।

जनता के हिस्से रिक्त कटोरा,
सत्ता भोगे खादी।
यह कैसी आज़ादी मित्रों,
यह कैसी आज़ादी।

माल पी गए नाना प्यारे,
कुछ पोते और दादी।
यह कैसी आज़ादी मित्रों,
यह कैसी आज़ादी।

राम चंद्र को कैद यहां पर,
वक्फ बेल फैला दी।
यह कैसी आज़ादी मित्रों,
यह कैसी आज़ादी।

बच्चों घर से बाहर आओ

बच्चों घर से बाहर आओ,
स्कूलों में नाम लिखाओ।
पढ़-लिख कर अच्छे बन जाओ,
होनहार बच्चे बन जाओ।

माता पिता और गुरुओं की,
आंखों में सच्चे बन जाओ।
मानवता का पाठ पढ़ो तुम,
और ज्ञान का दीप जलाओ।
बच्चों घर से बाहर आओ।

देश-भक्त बनकर दिखलाओ,
वीरों की गाथाएं गाओ।
याचक बनकर जो आ जाए,
आगे बढ़कर गले लगाओ।
सबके हृदय प्रेम से भर दो,
और घृणा को दूर भगाओ।
बच्चों घर से बाहर आओ।

स्वर्णिम कल की तुम आशा हो,

मानवता की परिभाषा हो।
सत्यम, शिवम् सुंदरम हो तुम,
नवययुग की तुम अभिलाषा हो।
नई सदी की दिशा बनो तुम,
और नया इतिहास रचाओ।
बच्चों घर से बाहर आओ।

जय हो, हे मजदूर-किसान

जय हो, हे मजदूर-किसान,
धरती के तुम ही भगवान।

तेरे हाथों इस धरती का,
होता रहा सदा उत्थान।
खंडहर अपना देश हुआ है,
इसका पुनः करो निर्माण।
जय हो हे मजदूर-किसान।

इस जग का निर्माण किया है,
देकर तुमने ही बलिदान।
आसमान का चाहे जो हो ,
धरती के तुम ही भगवान।
जय हो हे मजदूर-किसान।

सुन मेरे डॉलर, प्यारे डॉलर

सुन मेरे डॉलर, प्यारे डॉलर,
रुपया बनेगा नंबर वन।
बेशक तेरी कीमत ज्यादा,
और रुपए की कीमत कम।

अब तो कीमत बढ़ेगी मेरी,
तेरी कीमत होगी कम।
तेरी अकड़ भी ढीली होगी,
और नंबर भी होंगे कम।

क्या सोचा था तुने ठानी,
अपनी दिल्ली से अनबन।
दिल्ली में एक देव अनोखा,
उसने बना लिया है मन।

कोविड-दोहा-दशक

दारू सस्ती हो गयी, फैला हर्ष अपार।
प्यारे कोविड देवता, तेरी जय-जय कार।

मास्क साथ में राखिये, एडवांस में चार।
झट से मुंह को ढांप लो, मिल जाए जब यार।

होमगार्ड जी बन गए, बहुत बड़ी सरकार।
जिसको चाहा जड़ दिए, पीछे डंडे चार।

सभी दुकानें बंद पर, चला खूब व्यापार।
लाला जी ने कर लिए, रुपए एक के चार।

आशिक, माशूका रहे, होटल में दिन तीन।
घरवालों से कह दिया, हम हैं क्वारन्टीन।

चंदू जी ने कर लिया, बीड़ी का स्टॉक।
दुगने लेते दाम कहते, जनसेवा का शौक।

छुटभय्ये नेता फिरें, घर-घर मांगे चंदा।
कोरोना किरपा हुयी, इनका चमका धंधा।

पैदल ही मैं चल दिया, देखो अपने धाम।
कोरोना ने छीन लिया, साहब मेरा काम।

पैदल-पैदल चल रही, जनता गरीब बेचारी।
कौतूहल से देख रहे, साहब चढ़े अटारी।

मुझको मौका दे दिया, लिखो शेर अश्यार।
ढेरों-ढेरों शुक्रिया, तेरा कोविड यार।

क्षणिकाएं

(1)

नव वर्ष जब आता है,
मन परिवर्तन चाहता है।
परिवर्तन यह हो मंगलमय,
सुकुमार, सुखमय, शांतिमय,
यही कामना है हमारी,
हृदय यही बस चाहता है।

(2)

मानवता सिगरेट सी जल रही है।
धुएं से उड़ रहे आदर्श।
चकाचौंध में भौतिकता की,
सिमटा, सिकुड़ा हर्ष।

धर्म, अर्थ, काम, मोक्ष

जो समाज से चाहते हैं हम,
वह समाज को दे देना,
बस यही धर्म है।
धर्म-मार्ग से अर्जन-सृजन,
बस यही अर्थ है।
इसी अर्थ से तन-मन पोषण,
यही काम है।
यही सनातन सत्य वचन है,
कर अनुसरण, मिलेगी शरण,
सृष्टि को पाएगा प्रत्यक्ष,
रहेगा कुछ भी नहीं परोक्ष,
मिलेगा जाकर शून्य संग,
कहते संत इसी को मोक्ष।

यदि खुश ठेकेदार

ठेकेदार सरकार के,
असली देवर जेठ।
मुँह दिखाई ले बन गई,
भाभी धन्ना सेठ।

ठेकेदारी प्रणाली,
नेता का हथियार।
इसी तेज हथियार से,
जनता पर प्रहार।

ठेकेदार जी तंत्र हैं,
ठेका असली मंत्र।
लानी है सरकार तो,
समझो मूलमंत्र।

समझो मूलमंत्र,
बनेगी झट सरकार।
होगा बेड़ापार,
यदि खुश ठेकेदार।

होली सर र र र

होली सर र र र, होली सर र र र
योगी की पिचकारी से निकला बुल्डोजर।
होली सर र र र, होली सर र र र

माया जी को खा गया जाने कौन सा डर।
होली सर र र र, होली सर र र र

धामी चारों धाम के भरोसे पर।
होली सर र र र, होली सर र र र

केजरीवाल जी बह गए पेय जल में झर।
होली सर र र र, होली सर र र र

अखिलेश ने दे दिया हरा रंग ऑर्डर।
होली सर र र र, होली सर र र र

ट्रंप टैरिफ लगा रहे रगड़-रगड़ कर।
होली सर र र र, होली सर र र र

युनुस काले रंग से आया नहाकर।

होली सर र र र, होली सर र र र

मुनीर गुझिया खा रहे हावी सत्ता पर।
होली सर र र र, होली सर र र र

जेलेंस्की यूक्रेन को लगे मिटाने पर।
होली सर र र र, होली सर र र र

पुतिन नाटो संघ से क्यों है इतना डर।
होली सर र र र, होली सर र र र

बड़ी पिचकारी ब्रह्मोस पाक निशाने पर
होली सर र र र, होली सर र र र

नेतनयाहू के गुब्बारे फट रहे तड़-तड़ कर।
होली सर र र र, होली सर र र र

मोदी की पिचकारी से दुनिया तर-बतर।
होली सर र र र, होली सर र र र

बुरा न मानो होली है ये हंसी ठिठौली भर।
होली सर र र र, होली सर र र र

नहीं काम इसका जलाना बुझाना

मेरा दिल नहीं है, घृणा का ठिकाना।
मोहब्बत का भी यह, नहीं आशियाना।
माकूल बिल्कुल नहीं, यह जहाँ के,
क्या खाक समझे इसे यह जमाना।
हवा आती-जाती है अपने रास्ते,
नहीं काम इसका जलाना बुझाना।

धर्म और हिंसा

मेरा दिल नहीं है, घृणा का ठिकाना।
मोहब्बत का भी यह, नहीं आशियाना।
माकूल बिल्कुल नहीं, यह जहाँ के,
क्या खाक समझे इसे यह जमाना।
हवा आती-जाती है अपने रास्ते,
नहीं काम इसका जलाना बुझाना।

शिक्षा की शल्य चिकित्सा

जब खूब अधिक पढ़ जाता था,
वो ऋषि तभी कहलाता था।
कोई बन जाता भारद्वाज,
कोई सुश्रुत कहलाता था।

कोई विमान रचता था,
कोई शल्य कर्म का ज्ञाता था।
जग को दशमलव देने वाला,
कोई आर्यभट्ट कहलाता था।

कोई योग गुरु था पतंजलि,
कोई षड्दर्शन का ज्ञाता था।
व्याकरण शास्त्र का शिरोमणि,
पाणिनि वो पूजा जाता था।

गार्गी, मैत्रेयी, लोपमुद्रा सब,
ब्रह्मज्ञान की ज्ञाता थी।
क्यों हमने उनको भुला दिया।
मेरा नालंदा तक्षशिला,
किस आततायी ने जला दिया।

ऐसा शिक्षा का साम्राज्य,
क्यों हीन भाव से ग्रस्त हुआ।
किनके कारण मेरा भारत,
षड्यंत्रों से फिर त्रस्त हुआ।

अपनी गलती थी देश मेरा,
था भोग विलास में डूब गया।
आक्रांताओं ने आकर फिर,
सारा निज वैभव लूट लिया।

साहित्य जला, पहचान मिटी,
जो चाहा वो सब लूट लिया।
फिर भी मैकाले देखो तो,
यह कहने को मजबूर हुआ।

हम सत्ता पर काबिज बेशक,
पर नीच म्लेच्छ कहलाते हैं।
किस मुँह से हम भारत के,
शासक फिर कहलाते हैं।

भारत की ग्राम्य बाला भी,
निज बुद्धि पर इतराती है।
उत्तम शिक्षा प्रणाली ही,
इस देश की असली थाती है।

अंग्रेजी शिक्षा आयी फिर,

निज गौरव सारा चला गया।
शिक्षा प्रणाली भ्रष्ट हुई,
तन संग मन भी परतंत्र हुआ।

फिर ऐसा अवसर भी आया,
जब देश मेरा स्वतंत्र हुआ।
पर स्व तंत्र का अर्थ कभी,
शासक को समझ नहीं आया।

छोड़ा अपना तंत्र अरे,
पर तंत्र वही **फिर** अपनाया।
संविधान की मूल भावना,
से उसने खिलवाड़ किया।

निज गौरव चिन्ह मिटा डाले,
और हमको फिर पर तंत्र दिया।
निज भाषा और निज शिक्षा पर,
उसने ना अभिमान किया।

आक्रांता को महिमा मंडित,
निज गौरव का अपमान किया।
सबको फिर दलित बना डाला,
पद-दलित ये हिंदुस्तान किया।

अब सबसे पहले शिक्षा की,
शल्य चिकित्सा करनी होगी।
निज भाषा के प्रति जन-मन में,

अनुराग भावना भरनी होगी।

अपनी समृद्ध प्रथाओं को,
फिर से जीवन देना होगा।
अपनी भाषा में युवजन को,
विज्ञान-ज्ञान देना होगा।

भारत छू लेगा चरम शिखर,
जब शिक्षित ही शिक्षक होगा।
शिक्षक पद की भर्ती में ,
अंकों की, छूट नहीं होगी।
और नकल के माध्यम से,
शिक्षक पद-लूट नही होगी।

www.ingramcontent.com/pod-product-compliance
Lightning Source LLC
LaVergne TN
LVHW050812051026
849532LV00008B/2974
* 9 7 8 9 3 7 2 1 3 3 1 6 5 *